RENATE SCHOOF, geboren in Bremen, lebt als freie Schriftstellerin in Göttingen. Die gelernte Lehrerin schreibt für Erwachsene, Jugendliche und Kinder. Sie erhielt Stipendien und Literaturpreise; Gedichte von ihr sind bei Radio Bremen und auf WDR 3 und 5 zu hören im Deutschlandfunk war sie zu Gast in der Lyrik-Galerie. Zu den mehr als zwanzig Büchern, die sie veröffentlichte, gehören: »Verrückte Wolke« (Gedichte), »In ganz naher Ferne« (Erzählungen), »W + M = Liebe?« und »Klassenfahrt mit Kick« (Romane). Webseite: *www.renateschoof.de*

Renate Schoof
Seelenvögel

Gedichte

Weitere Informationen über den Verlag und sein Programm unter:
www.allitera.de

Bibliografische Information der Deutschen Nationalbibliothek

Die Deutsche Nationalbibliothek verzeichnet diese Publikation in der Deutschen Nationalbibliografie; detaillierte bibliografische Daten sind im Internet über http://dnb.d-nb.de abrufbar.

Januar 2010
Allitera Verlag
Ein Verlag der Buch&media GmbH, München
© 2010 Buch&media GmbH, München
Umschlaggestaltung: Kay Fretwurst, Freienbrink
Herstellung: Books on Demand GmbH, Norderstedt
Printed in Germany · 978-3-86906-084-2

I. Tauwetterwind

Ein Tauwetterwind

Tanzt von Westen heran,
   wirbelt Verliebtheit
     in die unvermützt
        flatternden Haare,
    haucht Küsse
  auf Stirn und Wangen,
lässt's rieseln und rinnen,
legt Schonung an der Seele
angestrengtes Grau.

FRÜHLINGSMOND
für C.

Und weil ich den Mond
betrachte, wie er am Ende
der Nacht Abschied nimmt,
ehrwürdig, kindlich, im
Zeitlupentempo, hinter die Bäume
und hinter das Dach, sehe ich
im weiten Himmel
    Vögel ziehen.
       Zum Keil sich
         immer neu
           formierend,
            flussab,
          heimwärts.
     Wüsste gern mehr
     von der Heimat.
    Und frage dich:
Warum hast du uns
unermüdlich den Mond gezeigt.
        Schau nur: Der Mond.
    Auch jetzt.

Da trifft mich ein Lichtblitz.
Im Haus gegenüber,
hat jemand ein Fenster geöffnet.
Die aufgehende Sonne
spiegelt und blendet herüber.

Im Garten

Vom Zwitschergesang geweckt,
wird langsam der Osthimmel hell.

Vogelbeerbaum
   winkt grüßend herüber.
Brennnesseln drängen
   nachbarlich durch die
grauen Holzlatten des Zauns.

Ballade vom Brennnettelbusch?
   Kennen sie nicht.
   Können's kaum glauben,
      dass ihr Brennen
Symbol für eine ganz große Liebe ist.

Staunen über unseren Kummer,
fürchten weder Schnecke
noch Sensenmann.
Und die ganz große Liebe?

Lächelnd
   wiegen sie ihre Blüten
      im zärtlichen Morgenwind.

Zu Gast in meiner Stube

Zart ist sie
   und auch ein bisschen
      gewöhnlich.
Furchtbar nur
   in schwarzen
      Schwärmen.

Ihr Vater soll wahrhaftig der
   Teufel sein,
     die Kehrseite,
      der Dreck,
        der Rest.

Nun sitzt sie da,
   allein
     und possierlich.
   Lässt mich überlegen,
wie es wäre, wenn
ich sechs Beine hätte
und mir
   mit zweien davon
      die Flügel
        putzen könnte.

So lade ich Fräulein F.
in meine leere Teetasse ein,
   verabschiede sie höflich
   durch das offene Fenster.

Frau S. dagegen
>   wohnt bei mir
>   zur Untermiete.
>   Ich bewundere
>   die Verknüpfungen,
>   mit denen sie Ecken
schmückt.
>   Wenn nötig,
>   übernimmt sie
>   das Töten
>   in meinem Haus,
>   geräuschlos und unblutig,
sehr dezent.

SOMMERMORGEN

Malven blühen rosa-gelb.
Strecken mir
   Blatthände entgegen.
      Kühle Zärtlichkeit
taufeuchter Ranken.

Im grenzenlosen Da-Oben
   kurven Schwalben
      übermütig und fern.

Auch die würdevoll
   den Weg querende Katze
      bringt Glück.

      Ich wollte zum Bäcker –
    Nun würde ich gern
   einen Fremden
  im Postamt
umarmen.

Allerdings ist es erst
viertel vor Sieben.

Haus am alten Park

Hinter den dicken Mauern
am Fenster sitzen,
frühmorgens,
und es gut sein lassen.

Die uralte – ganz neue Sonne
malt Lichtkringel
auf das schon dunkle Augustlaub,
streichelt die alten Bäume,
Vertraute im zeitlosen Wandel
des Jetzt – Jetzt – Jetzt.

Jenseits

Bei den Rosen und Jahreszeiten
wohnt ein stilles Dazwischen,
schläft den uneinlösbaren Traum,
hockt auf zerbrochener Bank,
liegt bei den Äpfeln im nassen Gras.

Ackerschachtelhalm und Gräser
zeigen den weißen Kieseln der Wege
anmutig, beiläufig, ja lächelnd
das große Spiel: Vergänglichkeit.

HÖHLENMALEREI

Ich male Raubvögel
auf gläserne Grenzen,

damit sich der Himmel

nicht den Hals bricht,
an geschlossenen Fenstern.

Von Herzen

Wir fahren
 nicht auf Zeit.
Wir fahren Meter
 nicht kiloweise.
  Zwischen Wiesen und Feldern,
   an Kanälen und Meeren,
   unter Bäumen und Wolken
   erreichen wir kleine,
 abgelegene Irgendwos
 zum Verschnaufen.

Die Welt schnurrt dahin,
  leicht gedopt,
    vom eigenen
      Schwung.
    Und wir
  sind einfach
  stundenlang
WIR.
  Und dann sagt einer:
  Das Wort REKORD
    kommt von *Herz*.
     Ist verwandt mit
       Gemüt und *Gedächtnis*.
    Wir staunen,
    welch lange Wege
   Wörter machen.
Ganz ohne Fahrrad.

DICHTERLEBEN

Tee trinke ich morgens
   aus einem Honigglas,
      wie die Lachsfischer am Yukon.

Weil auch mein Glück
   Freiheit heißt,
      fließender Fluss,
         hoher Himmel.

Dann ziehe ich Netze ein,
   in denen Wörter zappeln,
      glitzernd im Licht.

Auch mein Fischrad
   hat brav gearbeitet
      und große Gedanken
aus der Flut geholt.

Filetiert zu Markte getragen
   tausche ich den Fang einer Nacht
   gegen ein volles Glas Honig
und eine Tüte Darjeeling.

MITTAGS IM PARK

Schließe die Augen.
Die Sonne meint dich.

Und wer meint zu wissen,
der weiß es nicht.

Eine lacht – und man hört,
dass sie übt.

Schrilles Glitzern,
müdes Krampfen.

Bleib hinter den Lidern!

AQUARELL

Im Eingang zur alten Mühle
sitzt eine Katze,
mehlgrau,
mausgrau
seit Generationen,
äugt gelangweilt
 zum Regenhimmel,
  zu blauschwarznassen
   und lichtdurchmischten
    langsam dahinziehenden
     geplusterten Wolken.

Novemberstimmung

Im herbstlichen Feld entdeck ich
den kleinen gemauerten Brunnen,
zieh den hölzernen Deckel
    beiseite,
        werf alle
        Samkeiten
        ab. Silbe
        für Silbe.

        Aus dem
        Schacht
        tönt Echo
        tröstend
        zurück.

        Und in
        der Tiefe,
        ganz unten,
        flackert
        im Dunkeln
        ein helles
        Gesicht.

Seelenvögel

Große schöne Vögel
        haben
                laut schreiend
                        eine Runde
                              über unserem Dach
                                        geflogen.
                      Sich neu formiert,
        laut schreiend.
Sie wollten mich abholen, mitnehmen
auf ihre große Reise,
ich bin ganz sicher,
und so glücklich
wie schon lange
nicht mehr.

II. Fremd sein

An der Haltestelle

Vielleicht kommt ein Bus.
Vielleicht auch nicht.
Besser, ich wäre
in Jeans gegangen.
Oder
gar nicht.

Warum nur sind mir
die Menschen so fremd?
Warum vergeht die Zeit
mit Nichtverstehen?
Nicht wissen wohin,
und woher und warum.

Wenn ein Bus käme,
würden die Fragen kleiner.
Und mit dem Näherrücken
des fragwürdigen Ziels
würde
die brennende Ungewissheit
vom Fahrtwind gekühlt.

Tag ohne Sonne

Ich nenne sie Angst,
    ich nenne sie Trauer.
Ich gebe ihr Namen,
    ich gebe ihr keine Namen.

In mir sitzt eine gefangen,
die atmen will.
Sie sehnt sich,
mit dem Licht auf den Blättern,
wie als Kind im Sommer,
wie nach einem Liebsten.

Sie singt mit den Vögeln
und Fischen, wie ein Kind,
aus dem Keller, dem Käfig,
dem dumpfen Aquarium.

Sie fliegt mit den Blättern
    im Sturm in ein Nirgendwo;
    umarmt die Wunde in sich,
das eigene, wehe Herz.

Im Rücken

Manchmal geht da ein Vater,
mein Vater, dein Vater,
irgend so ein Vater,
so ein kleiner gemeiner
patriarchalischer Übervater,
viel zu nah, tritt auf
meinen Schatten, sammelt
achtlos verlorene Wörter ein,
mich zu beschämen, trägt
sie mir nach, Nadelstiche,
Salz in kleine Wunden,
versucht es auf Augenhöhe,
geht in die Knie, will mich
zwingen, Uniformjackenknöpfe
zu schlucken. Er schickt mich
in Kriege, die er selber verlor.
Er schickt mich in alles,
was unglücklich endet.
Ahnungslos, gnadenlos
hilft er mir in all seiner Güte
dauernd zu stolpern.

ERKUNDUNGEN

Fällt von der Schaukel,
      wer mit dem Fuß
          die Sonne streift?

Folgt auf weniger Flut
          weniger Ebbe?

Auf weniger Freude
        weniger Trauer?

Ergeben weniger Farben
        weniger Grau?

        Und behält
ein Baum, der nicht
überschäumend blüht,
im Herbst ein paar Blätter?

Im Aufbruch

Die Tasche in der Hand –
viel zu schwer.

Rasch den Schirm
            ausgepackt.

Das Buch bleibt drin,
es beschirmt
meine Seele.

Vor Sonnenaufgang

Manchmal erwache ich bedrückt,
empfinde das Leben als lange Straße,
Tag für Tag zu erwandern,
begleitet vom schweren Traum:
Den Bus verpasst, den Koffer verloren,
den Schirm, Wärme und Nähe.

Dann ist das Leben ein Arbeitshaus
mit zu kleinen Fenstern. Schwer
lastet Dunkelheit auf meiner und
jeder Brust. Und geronnene Tränen
lähmen die Schultern.

Zu erschöpft um weiter zu gehen,
stehe ich am Rand der Straße.
Alle Möbelwagen in Richtung Licht
fahren vorbei. Fahren einfach vorbei.
Ich trau mich auch gar nicht zu winken.
So wie ich ausseh.

Fremd sein

Dass ich stehen kann,
dass ich gehen kann,
dass ich nicht
sterbe vor Angst
so weit weg von Zuhaus.

Dass ich nicht einmal
so genau weiß, was das ist:
Zuhause.
Dass ich ahne,
was es sein könnte.

Im Garten der fremden Nachbarn
legen kleine Hunde
die Köpfe in den Nacken
und heulen wie Wölfe
zum eiskalten Mond.

WOANDERS

Alles vertraut
und alles besonders:
Der alte Park
mit seinem Duft
nach frisch gemähtem Gras,
die Ohren eines Dackels,
die beim Laufen schlenkern.

Zwei kleine Jungs rufen:
              Papa! Papa!
Oder klingt das nur so?
Wild fuchteln sie
mit Schwerter-Stöcken,
und sind dann doch Ritter
in einer ganz fremden Sprache.

VILLON

Die Seine ist aus dem Ufer gelaufen,
auf Bänken wäscht sich das Licht.
Und über dem Freund, den ich im Garten
an der Rue des Écoles treffe,
flattert ein Täuberich gurrenden Balztanz.

Vorsichtig senkt die Kastanie
grüne Fingerspitzen.
Noch in den Knospen versteckt sie die Lust.
Und neben der Hecke lärmt eine Schar Spatzen,
überschlägt sich ein Frühlingswind.

Warum sollte ich das zum Gehen gebeugte Knie
berühren? Sein Blick meint den Horizont.
Er ist nicht scharf auf einen Erdbeermund
der wandernde, wissende Mönch,
mit Lippen so breit und so kalt.

Sein Blick spricht von einer besseren Ferne
dort hinten, jenseits des Zauns.
Kein Frühlingswind bewegt das graue Gewand.
Keine Mäusefrau tröstet bei Nacht.
Nur eine Regenamsel beginnt leise zu singen.

GRIECHISCHER MORGEN

Im silbrig-grünen Olivenhain
                     schreit ein Esel.
Längst verstummt sind die Hähne.
Helle Blüte des Stechapfels bewacht
                den Wechsel des Lichts.

         Schon küsst die Sonne
      Hitze in Dionysos' Trauben,
lacht mit der hellblauen Schnecke,
die vor Lust ihr Gehäuse verdreht.

Schriller Zikadengesang.

Für den fremden Freund

Fremd sein –
           Freund sein

In meiner Handschrift
               fast
                 ein Wort.

Nur eine winzige Welle
macht
Fremd zu Freund.

Und den Freund
so fremd.

EINTRITT

Immer sind wir Tür. Und
                Türsteher auch.
Kontrollieren
     das Hinein und Hinaus,

pendeln
  als Grenzgänger
    zwischen selbstvermintem
                    Ich,

und uns,
   die wir
       immer dazugehören.

WehMut

Hättest du gedacht,
dass der Wind manchmal weint?

weil er niemals bleiben darf.

III. Unter dem Himmel

VISION

Stimmen, die uns ermüden,
verstummen.
Blatt für Blatt
fällt Unsinn ab.

Neugierig
öffnen sich Wörter.
Das Spiel
beginnt neu.

Wie lange schon
schreiben wir auf Licht,
ohne die Welt
heller zu machen.

TREIBSTOFF

Nicht in die Erde,
nicht ins Meer
musst du bohren:
Ins eigene Herz.

Nicht am Rad drehn.
Nicht starten.
Nicht Gas geben –
    Ruhe.

Bleiben.
Aushalten,
   wie die Welt sich
    in dir
  und um Dich
dreht.

NATHAN DER WEISE

Sein Ring ist verloren, vielleicht
gestohlen, vielleicht weggeworfen.
Keine der Abrahams-Religionen
hat den Menschen mit dem Menschen
versöhnt. Drei Ringe kehren zurück.
Blutbesudelt.

Ihre Träger sind im guten Glauben,
im guten Wort – steckengeblieben,
haben sich mächtig den Mächtigen
angedient, als Vatergott-Firmen
Karriere gemacht. Als Söhne-Glauben
Frauen und Mädchen verraten.

Was würden wir gewinnen,
   wenn die Wolken uns Töchter
      der Göttin wären?
  In glasklarer Luft schweben sie,
  mal gewaltig, mal winzig,
  schneeweiß oder regengrau
vor unendlichem Himmelsblau.

Dürfen es nicht gern
 ein paar Götter mehr sein?
    Oder auch weniger?
     Wenn es den hellen Himmel
   die Flüsse, Meere und
 die freundliche Erde
heilt und beschützt.

KRYPTISCH

Wenn wir es finden,
erinnern wir uns,
können endlich verstehen.

Es liegt im Schatten der Kirchen.
Unlesbar geworden
wie Schrift auf altem Stein.
Ausgraben müssen wir es,
säubern, auftauen,
das gefrorene Wort.

Dann wird es wieder Anfang,
öffnet den Sinn,
schließt niemanden ein,
schließt niemanden aus.
Denn wen immer es ausschließt,
es schließt sich selber mit aus.

Leeres Stroh

Es ist fraglich,
ob der Statthalter
die Botschaft verstanden hat,
oder nur halb, ein wenig.

Nach langer Erprobungsphase
ist das Modell gescheitert.
Oder
kennt jemand der Firma Vati & Clan
das Kind in der Krippe?
Frauen? Väter? Menschen?
Liebe?

Existiert der Mann am Kreuz nicht
nur noch als Markenzeichen?
Das Foltern
hat man längst selbst übernommen,
lässt Folterknechte gewähren,
teilt die Macht mit den Mächtigen,
hält Männern mit Vorrechten die Stange.

Selbstgerecht selbstgerichtet.
Unterm heiligen Schein gefangen
in banger Befangenheit,
verschlossenen Herzens,
gesenkten Blicks.

Der große Schlüssel wurde schon
dem Petrus gestohlen,
dem Leugner der ersten Stunde,
vom hinterhältigen Herrn Zeitgeist.

So knien sie seit zweitausend Jahren
auf alten Büchern
vor verschlossener Tür.
Das Herz traut sich nicht,
ihnen zu öffnen.
Die Heidenangst
vor Maria-Magdalena
hat sie verdorben.

Ein Gleichnis spricht
von Hunden,
die im Futtertrog liegend,
Schafe verhungern lassen.

VER-RÜCKT

Er heißt Jesus und
er zieht einen Fuß nach.
Er ist Kellner in einem
griechischen Restaurant.

Wenn einer sagt: Ich bin Jesus
und vielleicht meint:
Ich bin wie Jesus,
und er meint es ganz ehrlich
und arglos und kann gar nicht anders
als es ganz deutlich zu wissen.

Wird ihn dann jemand fragen:
Wie das ist, Jesus zu sein?
Was er meint, was er sagen will.
Wer ist bereit, sein Erlebnis zu teilen.
Sein Geheimnis, seinen Schrei.

Die Irrenhäuser sind voll
von solch Unverstandenen.

Christ darf sich jeder nennen
ohne Verdacht zu erwecken.
Christ
Dabei macht sich dieser Jesus
vielleicht nur auf den Weg
Christ zu werden.

Je suis – ich bin

Ich bin die ich bin.
Ich bin die Erfrorene,
und ich bin der Frost.
Ich bin die Verbrannte,
und ich schüre das Feuer.

Als ich die Zöllnerin berief,
in meiner Barmherzigkeit
      mit der eigenen Not.
Da ist auch die Pharisäerin gekommen,
aus der Kälte des Richtigmachens.

Ich wurde Judas Iskariot
und Johanna, die Lieblingsjüngerin.
Ich wurde der versteinerte Petrus.

Wir sitzen um einen Tisch
in meinem frisch renovierten Herzen.
Durch die Fenster dringt Licht.

Wir sind das gebrochene Brot
und der erlösende Wein.
Wir kennen die Einsamkeit
in der Nacht des Gartens,
      des Wartens,
wenn alles schläft.

Auch diesmal
ist das Kreuz Ziel
                und Verheißung.
Etwas in uns muss sterben,
damit die heiße und die kalte Hand
gemeinsam den Schlüssel halten können,
das Tor zu öffnen,
                hinaus aus der Zeit,
in ein Paradies, das immer schon da ist.

AUFSTEHEN

Steh auf.
Es ist so weit.
Heute
tritt ein
in die ewige
Zeitlosigkeit.
Heut ist der Tag.

Jetzt.

Jetzt werde wach.
Der Jüngste Tag
hat begonnen.
Heute,
immer heute.
Ob du's nun glaubst
oder nicht.

Wie ein Zug,
auf den du
aufspringst,
der Fluss der Zeit.
Er hält nicht an,
aber er hat
genau dein Tempo.

Unter dem Himmel

Da sitzt Mirjam, die Widerspenstige,
denkt nach beim Lesen der Thora,
draußen im Wind, nah dem Meer.

Sie sucht nach Wahrheit
nach Richtung und Liebe.
Hellwach fragt sie sich
durch all die Geheimnisse
der heiligen Buchstaben hindurch.

Natürlich
erkennt sie das göttliche Prinzip.
Weil es erkannt werden will,
jenseits pharisäischer Gesetztheit.

Und ihr Herz öffnet sich.

Sein und Haben

Leichter käme ein Kamel
durchs Nadelöhr,
als dass der Reiche
eine Chance hätte.
So steht es in der Bibel.

Das Nadelöhr,
        sagst du,
war einfach ein enges Tor,
zu schmal für Kamele.
Du kennst Jerusalem.
Du sagst es abwertend.

Und schenkst mir
einen Schlüssel:
Wir kommen nur
unbeladen hinein und
hinaus.

Du siehst die Reichen
und ihre Geistlichkeit
durchs breite Tor fahren.

Er sah das auch.

IV. Vielspuriger Kreisel

AUFRUF

Wir müssen
nie Getanes tun.

Wir müssen
nie Gesagtes
sagen.

Wozu
sind wir
denn sonst
jetzt hier?

MENSCHEN

können neu beginnen,
               viele Male.
Den Weg gehen,
      oder einen anderen.

Können lachen und
können fliegen und
können alles und
               neu beginnen.
Jeden Tag.

Die Hände frei,
die Füße,
das Herz und das Hirn.

Menschen können weinen
                       und
können stürzen und
können gar nichts
und

    beenden alle Tage,
        vielleicht einen Kampf,
vielleicht etwas anderes.

Menschen können fesseln und
               können befreien
und …

NACHSICHTEN

Es sind nicht
die Flugzeugabstürze,
die die Welt bewegen.

Es sind nicht
die Geiselnahmen
und Börsenkurse,
nicht die Schieber
und Waffenträger.

Es sind nicht einmal
die Parteivorsitzenden,
Lobbyisten
und Bodenspekulanten.

Vielleicht
ist das Leben ein Spiel.

Wahrscheinlich nicht.

Karrieren

Wer die Mainstream-Kutsche
        am Laufen hält
        genießt überall
                Meinungsfreiheit.

Wer den Karren in die
        gewünschte Richtung zieht,
           ganz besonders.
              Er darf sogar
        mit den Wölfen heulen,
    obwohl er nur ein einfaches
Zugtier ist.

Number One

Im Gesicht des Karrieristen
– »Es geht doch,
man muss es nur wollen« –
das Gesicht von Mamas Liebling.

Er wird es schon gut machen,
der Große mit der Designerbrille.
Er heult mit den Wölfen, im Sound
gnadenloser Bereicherung.

Ein solider Kampfhund, windschnittig,
willig nach oben, bissig nach unten
auf der Karriereleiter,
auf den Rennbahnen des Lebens.

Per Du mit all den schönen Kaspern,
die über die Bühnen zappeln,
wie softgespülte
Apokalyptische Reiter.

Sei so gut

Du, geh nicht über Leichen!
Stimme nicht für den Krieg.
Schicke niemanden
in den Streubombenhagel.

Und grenze mich nicht aus,
auch wenn ich
den falschen Glauben habe
oder das falsche Parteibuch
die andere Hautfarbe.
Komm herab vom hohen Ross,
leg die Peitsche aus der Hand.

Mach dich nicht stark
für die Armut der Anderen,
für eine Gesellschaft,
in der Seelen erfrieren.

RÜCKSICHT

Weißt du nicht mehr, wie es war,
als wir die Galeere rudern mussten?
Zerschundene Hände,
zerschundene Rücken.

Dann wieder:
Schnee, überall Schnee.
Und wir streng bewacht
unterwegs ins eisige Nichts.
Barfuß das Indianerkind.
Soldatenstiefel zu Pferd.
Blauröcke. Irische Jungs.
Ihr Sold: Die Einbürgerung
ganzer Familien in
ein vergewaltigtes Land.

Hitze und Gestank im Schiffsbauch.
Du und ich als Beute,
als atmendes Ding,
zwischen Kranken und Toten.

Hast du das alles vergessen?
Die Kriege? Die Ängste? Das furchtbare
Frieren beim Morgenappell?

Wie konntest du
das vergessen!

METASTASEN

Auch Goethe kannte sie,
            die Zerstörer
                      der Menschheit,
      nennt sie: *Eilebeute,*
      Habebald
und *Haltefest.*

Ihre Waffen morden für den Mephisto in
              Herrn Dr. Faust.
Sie brennen
     die Hütten der Wehrlosen nieder,
verwandeln
          Brot in Stein,
füllen sich
   den Tank mit dem Mais der Armen.
Ihre Golfplätze
           trinken sauberes Wasser.
Ihr Land ist Bauland.
              Ihr Ziel ist Gewinn.
Sie machen sich breit,
    privatisieren, bewaffnen, umzäunen.
Jedes Mittel ist ihnen Recht
              und jede Partei.
Ihr Recht ist:
        Das Recht des Stärkeren.
Im sozialen Organismus der Erde
         sind sie Krebsgeschwüre
mit allzu vielen Metastasen.

Mephisto

Er ist nicht eindrucksvoll,
kein Gustav Gründgens.
Er ist der Lug, der Selbstbetrug,
die Tarnung, Täuschung,
die Verführung.
Unmerklich langsam wächst
Lügengewebe, verdunkelt
inneres Licht.

Übrig bleibt
das blendende ICH. Schattenlos
schön im Blitzlichtgewitter.
Irrlichter Schein.

Das Herz wird verpackt,
verraten, verkauft,
geschlossen und stillgelegt.
Ein Pakt mit der Falschheit,
der Heuchelei. Müde,
weichgeklopft, aber auch gierig,
trinkt das Gewissen
den tödlichen Schlaftrunk.

Fassungslos

Wenn so viele betrunken sind,
tut es weh, nüchtern zu sein,
fast, als wäre das ein Verrat.

Langsam,
Schluck
für
Schluck,
sind sie
in den
Mainstream
abgerutscht.
Und du
stehst
fassungslos
vor ihrer
fernsehgestützt
beredten
Ahnungslosigkeit.

Wovor ich mich fürchte

Man kann es sagen,
es muss nur schön klingen:

Der Satz für mein 1932-Gefühl,
wenn politische Gegner
irgendwie sorglos
und doch auch
irgendwie gnadenlos
ausgegrenzt werden.

Ein Wort für das
5-Minuten-nach-12-Gefühl.
Das brennende Haus.
Die steigende Flut.

Die Lobby, die Köpfe
abreißt, vergewaltigt
und kassiert, gewärmt
und erhellt vom
müllenden Atom,
als wollten sie die heiß
geliebten Enkel kochen.

Angst vor dem Winter?
Vor Dunkelheit und Kälte?
Wenn ihr wüsstet,
wovor ich mich fürchte.

Pharisäer in festlichen Roben
sagen erschreckt:
Nächstenliebe? Feindesliebe?
Das kann so nicht

gemeint sein. Kreuzigen,
steinigen, foltern,
verbieten, verbrennen
ist jedenfalls sicherer.

Das siebte Kreuz

Brecht, Heine und Kafka,
fänden sie heutzutage Verleger?
Und wer würde Anna Seghers'
Georg Heisler verstecken?
»Der Terrorist« würd es heißen.
Brave Schäferhunde –
nicht nur die Deutschen.

Kostüme wechseln/politische Stile.
Bücherverbrennungen
kann heut jeder kostenlos,
folgenlos und publikumswirksam
bedauern, beweinen.

Man verbrennt den Arglosen
ohnehin das Hirn
mit Katastrophenmeldungen,
Kriegen, Krimis, Desinformationen
und Dummheiten ohne Ende.
Gescheiterte Hoffnungen
zugekleistert mit Quatsch.

Wachliegen um dies Deutschland,
auf dem Weg in die Nacht.
Einsamer Gedanke:
Wer den Heislers hilft, der rettet etwas,
ganz innen bleibt etwas hell, dort, wohin
das hohle Gehampel nicht reicht.

FORSCH

Gut zu wissen,
        warum ein Vogel fliegen kann?

              Und was begreift,
        wer erfährt,
dass Knochen hohl sind?

Im Fisch die Schwimmblase finden,
    im Menschen die DNS, das Gen,
              die Eizelle.
      Und sich irgendwann
    über nichts mehr wundern.
    Nichts mehr erkennen.
  Einfach nur noch machen
im Tanz der
      sterilen
          Gespenster.

NOTWENIGKEITEN

Heute brauchte James Joyces Vater
Urteile nicht mehr handschriftlich zu kopieren.
Nichts mehr
    säuberlich ins Reine schreiben,
um seine Familie zu ernähren.

Heute würde man ihn anders erniedrigen,
in den Suff treiben, kaputt machen, erschlagen
  ohne die Hand zu heben. Ganz ohne Schikanen,
  ganz ohne das Alles,
    sozusagen
      einfach nur so, aus Sachzwängen –
        aus uns allen verständlichen
        wirtschaftlichen Notwenigkeiten.
      In unserer vollkommenen Gegenwart.
  In der die Möglichkeitsformen
  Wundertüten mit heißer Luft sind.
  Eingetütete Träume vom wahren Leben
ohne wirtschaftliche Kollateralschäden.

Manchmal
    liegen absurden Romanen
  absurde Kindheitserfahrungen
zu Grunde.

Von Sinnen

Wir färben uns
        Haare,
                Lippen und Zähne,
vergessen,
        verschenken,
               vertun,
damit die Welt nicht
            ohne uns tanzt.

Als wären wir mit einer
        Bettelschale geboren,
              mit Steinen im Schuh.
Und nicht
        mit diesem Feuer
                im Herzen.

VIELSPURIGER KREISEL L.A.

Ein Gebet für den Mann,
dessen Auto erst zum Stehen kommt,
wenn der Tank leer ist.
Er traut sich nicht,
die Spur zu wechseln.

WIDERSTEHEN

O heb die Füße Kind,
und sieh, wo du gehst,
unter den Raben, neben dem Graben
bei den Wildapfelbäumchen.

Fürchte dich! Und fürchte dich nicht.
Sie verdrehen dein Blut,
sie verkleben dein Herz.
Und all deine Angst
    ist mehr als berechtigt.

Sie wollen dich kaufen
mit glitzerndem Größenwahn
und gezuckerten Lügen,
überrollen dich mit
schallendem Wahnwitz.

Sie werden dich lehren
auf dem Kopf zu stehn.
Sie werden dich lehren,
auf den Händen zu gehen.

Auf den eigenen Füßen zu bleiben
ist schwer – und auch
    so gut wie verboten.
Pass also auf. Du bist gewarnt.

NOTWENDIG

Atmen.
Schlafen.
Trinken.

So viel.
So wenig.

Essen. Lachen. Hoffen.
Wenn alles gutgeht.
Wärme spüren. Sich
fühlen. Kälte spüren.
Sich fürchten.

Eine Hand,
die hineinhilft.
Ein Arm,
der heraushilft.
Und darüber ein Stern.

STRÖMUNGEN

Der Fluss,
    so kurz vor der Mündung
        offen zum Meer hin.
Breit,
    bereit auszufließen,
          sich zu verlieren.
Salzig schon
      oder
          salzig noch?

Meer drängt sich in ihm hinein
          tief ins Land.
Und
    fließt wieder hinaus
        in seinen Gezeiten.

    Mitten im Strom – dieses Boot:
    Sieben Segel,
        gebläht im Wind,
           tragen es kaum
                flussauf.

Wie ein tragischer Held
    scheint es zu stehen.
    Gegen-an zu stehen.

Aber es kämpft.
 Mit Rückenwind kämpft es
    Zentimeter für Zentimeter
        gegen den Ebbstrom,
gegen die gewaltige Kraft.

Untergang

Vieles ist unmöglich. Vieles
steht nicht in meiner Macht.

Aber ich kann zuschauen,
wie der Mond untergeht.

Sehe
wie er den silberhellen Schein
verliert, sein weißes Licht nicht
länger die Stube füllt.

Warte,
bis er sich als orangegelbe Kugel
einem fernen Hausdach nähert.

Ob ihn die Holländer länger sehen
als wir? Die Spanier, Portugiesen?

Und können wir nicht vielleicht doch
   das alles
      überleben;
         um mit solcher Würde
             unterzugehen,
am
   langen
      Faden
         der
            Kräfte.

Abschied

Als du gingst,
hast du die Tür
weit offen gelassen.

So ist Licht
auf uns gefallen.
So breitet sich Wärme aus,
und die Zärtlichkeit
deines Lächelns.

Hyazinthen bedecken den Sarg.
Geheimnis deines Dagewesenseins,
deines immer noch da-Seins.

Auf dem Balken der alten Kirche
steht die Zahl 1732, und jemand
kämpft mit einem Löwen.
Reste alter Malerei.

Einst werden auch unsere Kämpfe
vergessen sein.
Übrig bleibt immer das Licht.

V. Uralter Traum

Uralter Traum

Eines Tages
an der Hand des Liebsten
zu gehen, unter den Blüten
und über den Schnee.
Tag und Nacht
nicht verlassen.

MONDNACHT

Weiß blühende Bäume – So viele
weiß blühende Bäume
unter dem schweigenden Himmel

Zwischen Zäunen fremder Gärten
gehe ich heim
satt und nimmersatt von dir

mit einem
      wilden
           weckenden Schmerz

Als müsse Leben so sein
      So stumm
           so weiß
   und wesentlich

So ausschließlich
      Jetzt
         und hell

  Als dürfe Leben so sein

Weiß blühende Bäume

Nichts regt sich
Wie ein friedlicher Hofhund
schläft der Wind in der Hecke
Selbst der Mond hält ganz still

Leiser Aufruhr

So oft
klopfen deine Gedanken
an meine Tür
schlagen wie Zweige im Wind
gegen mein Fenster
klappern wie Fensterläden
in meinen Schlaf.

Heimkehr

Ich trage rote Rosen
ins Zimmer und
gelbe Sternenblumen.

Die Sehnsuchtsblauen
bleiben
am Wegrand
stehen.

Sie halten
        Ausschau
nach einem,
der zurückkehren wird.
Er hat es versprochen.

Begegnung

Vielleicht war mir noch nie
ein Mensch so fremd wie du,
zu dem ich   Liebster   sag.

Von Anfang an
  fast wie ein Abgrund,
     in den ich mich kopfüber
          stürzte.
Ein Sog,
 in den ich arglos tanzte,
    wohin denn sonst,
      als nur in diesen Strudel.

Mit meinem Körper fing ich dich,
    nur um dir nah zu sein,
  dem unergründlich Fremden,
dem Anderen.

Langer Nachmittag

Du sagst erschrocken:
Aber es war doch fast nichts.

Wenn aus diesem Fastnichts
sich Kinder erheben,
mit Augen und Händen und Stimme,

wie sollte da meine Seele
nicht Wörter aussenden,
deren Vater du bist.

V.

Rosenschön
flaumfederweich.

Wie lange noch
werden Soldatenstiefel
den Frieden stören?

Den Frieden
    zwischen Frau
        und Mann.

VERSIEGELTES GLÜCK

Das Wort hat sich
der Sehnsucht geöffnet.
Es weitet das Tal
und baut die Stadt auf dem Berge.

Es fließt durch den Frühling
und erstarrt mit dem Frost.
Wenn die Ängstin Wohnstatt nimmt,
zittert es mit dem Atem.

Da ist kein Lachen im Knabenkraut.
Da wartet eine. Da wartet eine
auf die Rückkehr des Lichts
in die Augen des Mannes,
auf die Haare des Mädchens,
fort von den kalten Schienen.

Mondfäden werden gesponnen,
um nicht verloren zu gehen.
In gebrochenen Zeilen spricht sie,
von Blume, Schwäche, Zement.
Und die Pechsträhne Erinnerung
ist ihr Halteseil beim Abstieg
in den inneren Brunnen.

DER VERWILDERTE GARTEN
    schenkt uns Rosen,
        Johannisbeeren,
            sein stilles Dazwischen.
                Er träumt
    auf überwucherten Bänken,
unter blühenden Rosenbögen
seinen uneinlösbaren Traum.

Ackerschachtelhalm und Gräser
    begrünen Kieswege.
        Tapfer umrahmt der Bux
            sein stilles Rondell.
      Sorglose Schmetterlinge
  – weiß wie die Wolken –
blütenblattleicht.

Noch trägt die Brücke.
  Noch.
      Doch schon umschwirren Wespen
    die Pflaumen am schiefen Baum.

Herrenlos. Wir nennen
    Nichtbesessenes herrenlos.
        Als wünschten wir diesen Rosen,
           diesen Halmen und Gräsern,
      den Schmetterlingen,
    den Bänken und Büschen,
    der Brücke, dem Traum,
einen Herrn.

An diesem Tag

So freundlich der Himmel,
            so winterhellblau.
»Ach«, sagst du, und
findest den Wind zu frisch,
die Feigen zu süß.

Vor dem Fenster knistern
            braune Blätter am Baum.
Auch das findest du trostlos:
Die welke Erde im Licht.

Später in der Straßenbahn
            pfeift jemand
        sehr leise und schön.
Ein Kleinlaster überholt.
                HEUTE
    steht auf der Persenning,
als wäre es ein Versprechen.

Schwere Entscheidung

Stelle ich die Klingel an,
wecken dich die Müllmänner.
Lasse ich sie aus,
kann uns die Paketbotin
nicht erreichen
mit dem dicken Batzen Glück,
den sie vielleicht gerade heute
zustellen wollte.

TRÄNENLOS

Als wären
        Männer,
mehr als wir alle,
von diesem Schmerz
              betroffen.
Von diesem unlösbaren Weh,
von dieser Wut
auf die Vergeblichkeit.

Als verschöben sie,
mehr als wir alle,
ihr Leben,
und fürchteten deshalb
      jede Verzögerung,
         jede wirkliche Nähe,
als Bremsklotz ihrer Bemühungen.

Mehr als wir alle
sind sie unterwegs,
waren sie unterwegs
und werden sie unterwegs sein,
wehren sich,
       aufgehalten zu werden,
       nett sein zu müssen,
     Wünsche zu erfüllen,
die nicht die eigenen sind.

Gefesselt an etwas
                    trauern sie,
mehr als wir alle,
ohne davon sagen zu können.
Und suchen eigentlich immer:
Vergessen.

Selbst in der Lust
suchen sie eigentlich:
Vergessen.

KLEINER ALLTAG

Sie hat die Fensterrahmen
                gewischt
und den
        Fußboden.

Sie hat den Kindern
die Nase abgewischt,
den Mund und den Po.

Sie hat den Gartentisch abgewischt
und die Stühle für alle. Zuletzt
trocknet sie die eigenen Hände
und wischt die Strähne
                aus dem Gesicht.

Nach Jahren,
Nach Jahren des Wischens,
erscheint ihr das eigene Leben
seltsam verwischt.

TÖLPELHANS

Mit großzügiger Geste
zerstört er das Netz
auf dem sie tanzt;
bereit
sie aufzufangen
in seinen Armen.

Er meint es ja gut.

EIGENTUMS(BEI)WOHNUNG

Er kauft sie jeden Monat neu,
mit seinem guten Einkommen
und seiner Rentenerwartung.

Sie gehört ihm.
Ob sie das ahnt, weiß er nicht.
Er weiß so vieles nicht;
nicht, dass sie ihm Heftzwecken
in die Schuhe legt
– und rasch wieder entfernt –
bevor er hinausgeht
ins feindliche Leben.

Sie bleibt.
Im sonnigen Garten.
Bei seinen glücklichen Kindern.
In ihrer schönen Verlassenheit.

Sie ist immer für ihn da.
Das hat er verdient.
Das hat er sich schon
als kleiner Junge gewünscht:
Eine Mutter für sich ganz allein.
Die er nicht einmal
mit ihrem Eigenleben
teilen möchte.

High Heels

Demeter auf High Heels?
Die Göttin und Erdenmutter
winkt ab: Auf langen Wegen
braucht's leichte Füße.

Die begehrenswerte Kore,
die wütende Medea, auch
die brüderliche Antigone,
selbst die verliebte Ariadne
– all die Schönen
und Starken,
      die Furchtlosen
           weigern sich,
  in solche Schuhe
zu treten.

Barfuß stehen sie da,
barfuß in ihren Sandalen.
Venus, Maria, Fatima,
Magdalena und Sappho
Heldinnen, Dichterinnen,
Du.

        Menschen brauchen es,
          sich manchmal
    auf die Hinterbeine zu stellen.
             Frauen auch.

FRAUEN

sind keine Blüten.

Sie warten nicht.
Nicht auf Bienen, nicht auf Falter.
Sie erwarten gar nichts mehr,
      auf das es sich lohnte
zu warten.

Langsam erwachen sie
 aus der ganz großen Enttäuschung.

Und suchen
         ihrs.

Vielleicht sogar Frieden
für ihre und alle Kinder
              und Gerechtigkeit,
weil sie
     das alles
          nicht mehr ertragen.

Weder drinnen   –   noch draußen.

KARNEVAL IN AUERBACHS KELLER

»Den kriegst du nicht«, höhnt der Mephisto.
        Die Hexe öffnet ihr Gesicht
   nur einen Spalt breit.
»Den hätt ich schon,
    wenn ich nur wollte,
       hätt ich den – und dich,
          und den dahinten auch!«
             Den eitlen Herrn Dr. Faust
     überlässt sie ihm gern,
   dem Mephisto Lügenbaron,
im Tanz der verzweifelten Masken.

Sie ist jung – und sie behext
   all die satten, lebensgeilen Philister.
       Interessieren würd sie nur
                    Einer.
      Doch der Geheime Rat G.
  kann gar nicht
tanzen.

Hundert Jahre danach

Komm
    durch die Brombeerhecke,
        lasse dein Pferd,
           lasse den Hut.

    Komm die Treppe herauf,
   öffne die Tür
 und küsse und küsse
die Schlafende wach.

Köchin und Waschfrau,
Mutter, Schwester, Wache,
Gärtner und Kutscher,
lass lieber noch schlafen.

VI. Spiel

S
p

i   e   l
Ich wohne
in   ein-
em   Kar-
ten   haus
Wenn einer
          wackelt
             stürz
               ich

                ab

Blaues Haus

Laufen. Laufen
 in den Sonnenaufgang
  – taufrische Gräser und Blätter –
   an den Schienen entlang,
    hinaus zu Kühen und Schafen.

Hellwach – wie der Zug,
 der vorbeisaust,
  vorbeisaust,
   ins sommerlich Ferne.
    Schall und Rauch.

     Auf dem Rückweg
   wärmt Sonne den Rücken, Frösche
    und Käfer kreuzen den Weg.
   Kiebitze taumeln lachend
 über sattgrünen Weiden.

Und dann ist da ein Haus aus Kreide-Strichen.
Das Haus von OTTO und LENA und einem Kind,
dessen Name   mit JA anfängt. Ein schönes
Haus mit Tür,   Fenster und Himmelsdach.
Leise verblasst es auf blauem   Asphalt. Eine
Ameise irrt darin umher. Wer   weiß, was sie
intuitiv begreift von der zarten Geborgenheit.

Grau
   rutscht
      Tag
     von
  nassen Dächern
    fällt tonlos
      in die
     frühe
  Dämmerung

Form voll endet

Während Welten untergehen, in die Kühlbox steigen, im Totendress vom Designer. Das eigene Begräbnis sportlich, einkaltblütigesEvent. Man ist eh schon so lange tot und lärmt, um daszuvergessen.

Gr
  riff
     i
       g
      Der
        Griff
           zur Fernbedienung.
               Der Griff zur Flasche.
                  Der Griff zur billigen
                        Beruhigung.
    Der Griff nach Deinem
   und meinem
Bewusstsein.

Audience flow. Das
Mit ziehen Herun ter-
ziehen Herüberz ieh
en der Zuschauer in
die nächste Sendun
g erinnert irgendwie
an den Witz vom Durstigen
der nur ein Schlückchen wol
lend, den Spucknapf erwisc
h t.

Entgegen kommen

Das Schwierigste
für den Geisterfahrer
ist
    das
        gegen
            den Strich
                einfädeln.

Die Erde ist zu klein
um auch
nur einen
Quadratmeter davon
z u   v e r m i n e n

INHALT

I. Tauwetterwind

Ein Tauwetterwind · 7
Frühlingsmond · 8
Im Garten · 9
Zu Gast in meiner Stube · 10
Sommermorgen · 12
Haus am alten Park · 13
Jenseits · 14
Höhlenmalerei · 15
Von Herzen · 16
Dichterleben · 17
Mittags im Park · 18
Aquarell · 19
Novemberstimmung · 20
Seelenvögel · 21

II. Fremd sein

An der Haltestelle · 25
Tag ohne Sonne · 26
Im Rücken · 27
Erkundungen · 28
Im Aufbruch · 29
Vor Sonnenaufgang · 30
Fremd sein · 31
Woanders · 32
Villon · 33
Griechischer Morgen · 34
Für den fremden Freund · 35
Eintritt · 36
WehMut · 37

III. Unter dem Himmel

Vision · 41
Treibstoff · 42
Nathan der Weise · 43
Kryptisch · 44
Leeres Stroh · 45
Ver-rückt · 47
Je suis – ich bin · 48
Aufstehen · 50
Unter dem Himmel · 51
Sein und Haben · 52

IV. Vielspuriger Kreisel

Aufruf · 55
Menschen · 56
Nachsichten · 57
Karrieren · 58
Number One · 59
Sei so gut · 60
Rücksicht · 61
Metastasen · 62
Mephisto · 63
Fassungslos · 64
Wovor ich mich fürchte · 65
Das siebte Kreuz · 67
Forsch · 68
Notwenigkeiten · 69
Von Sinnen · 70
Vielspuriger Kreisel L.A. · 71
Widerstehen · 72

Notwendig · 73
Strömungen · 74
Untergang · 75
Abschied · 76

V. Uralter Traum

Uralter Traum · 79
Mondnacht · 80
Leiser Aufruhr · 81
Heimkehr · 82
Begegnung · 83
Langer Nachmittag · 84
V. · 85
Versiegeltes Glück · 86
Der verwilderte Garten · 87
An diesem Tag · 88
Schwere Entscheidung · 89
Tränenlos · 90

Kleiner Alltag · 92
Tölpelhans · 93
Eigentums(bei)wohnung · 94
High Heels · 95
Frauen · 96
Karneval in Auerbachs
    Keller · 97
Hundert Jahre danach · 98

VI. Spiel

Spiel · 101
Blaues Haus · 102
Grau · 103
Formvollendet · 104
Griffig · 105
Audience flow · 106
Entgegen kommen · 107
Die Erde ist zu klein · 108